LE VRAI GUIDE

des Baigneurs & des Étrangers

AUX SABLES-D'OLONNE.

LE
VRAI GUIDE

DES BAIGNEURS ET DES ÉTRANGERS

AUX SABLES-D'OLONNE,

contenant

TOUT CE QUE LES ÉTRANGERS PEUVENT DÉSIRER CONNAITRE
TANT SUR LES SABLES QUE SUR LES ENVIRONS,

PAR

UN SABLAIS.

—◦◦◦—

SABLES-D'OLONNE,

T. BOSSU, LIBRAIRE-ÉDITEUR,

en face la grande porte de l'église.

—

1874

C'est aux étrangers, qui viennent prendre les bains sur notre belle plage des Sables, que nous dédions spécialement ces lignes. Puissions-nous par là leur être agréable, et notre but sera rempli.

Dans ce vrai Guide, nous nous sommes proposé de donner tous les renseignements qui peuvent être utiles aux baigneurs et aux touristes.

Nous énumérons toutes les excursions, les promenades et les remarques qu'il y a à faire, tant aux Sables qu'aux environs, et qui peuvent présenter quelque attrait.

Nous donnons aussi tous les faits historiques que nous avons pu recueillir et qui se rattachent à chaque endroit cité.

Pour les excursions hors de la ville, nous nous bornons à décrire celles qui peuvent s'effectuer dans une même journée, pensant par là offrir des distractions qui ne dérangent en rien la prise journalière du bain.

LE VRAI GUIDE

DES BAIGNEURS & DES ÉTRANGERS

AUX SABLES-D'OLONNE.

———◦◦◦◦◦◦———

CHAPITRE I⁰ʳ.

NOTICE HISTORIQUE

SUR LA VILLE DES SABLES-D'OLONNE.

La ville des Sables tire son nom des sables au milieu desquels elle a été bâtie, et du bourg d'Olonne, situé à 4 kil. de la ville, dont elle était autrefois une dépendance.

Elle s'étale gracieusement à l'extrémité d'une longue dune, entre la mer au sud et le port au nord ; à l'ouest, le chenal sépare la ville du faubourg de la Chaume.

Le Remblai, depuis le Casino jusqu'au Calvaire, a été construit en 1750 ; et du Calvaire jusqu'aux rochers, ce n'était que des dunes. Un menuisier de la ville eut le premier l'idée d'y faire bâtir vers 1850.

Depuis, cette longue suite de dunes s'est couverte d'habitations.

Dans ces premiers temps de construction, les terrains se vendaient dix et quinze centimes le mètre carré, et aujourd'hui ces mêmes terrains montent au prix élevé de vingt-cinq à trente francs.

On a ensuite nivelé les dunes et construit les quais qui existent.

En creusant les fondations des quais et des maisons situés au bout de la ville, on a trouvé des pans de murs, des portes, des meubles, même des appartements complets. Ceci prouverait qu'une ville a été enfouie sous les sables; et on calcule, par les fouilles faites, que le troisième étage des maisons englouties correspondait au niveau de la place du Minage.

On rapporte que, sous François Ier, un ouragan violent enleva les sables qui garantissaient la ville; alors le monarque ordonna la construction d'un quai qui, plus tard, fut lui aussi, englouti par les sables. En 1752 en construisant celui qui existe, on trouva quelques restes de cet ancien quai.

On a souvent entendu dire que l'on avait trouvé dans ces ruines des monnaies d'or et d'argent, presque toujours des pièces espagnoles et des pièces romaines.

Les Biscayens vinrent s'établir à la Chaume, pour l'armement de la pêche de la morue à Terre-Neuve ; et, selon beaucoup de versions, ce sont eux qui ont commencé à peupler la Chaume.

Les Sablais ont été les premiers qui se sont livrés à la pêche de la morue ; et ils se sont fait, à ce sujet, une belle réputation d'intrépides navigateurs.

Avant de laisser les Sables, les Biscayens firent avec les habitants un très-grand commerce de grains ; ceux-ci en avaient fait des amas considérables, et le vendirent fort cher à ces Espagnols, qui payèrent avec leurs piastres ; ce qui porte à croire que les monnaies espagnoles que l'on a trouvées en démolissant les vieilles maisons, viennent de ce temps-là.

Certains documents portent à croire que lorsque César fit la conquête des Gaules, quelques-uns de ses lieutenants se sont avancés dans cette partie de l'Aquitaine, jusque sur les bords de l'Océan, afin de soumettre tout ce vaste pays.

Les pierres que l'on voit près d'Avrillé,

sur la grande route, où sont tracés des caractères reconnus pour être romains, seraient une preuve de la présence des Romains en Vendée.

Vers ce même endroit, on a trouvé, dans un champ, il y a une vingtaine d'années, une quantité considérable de pièces romaines, mais d'un métal sans valeur.

On doit à Louis XI l'importance de la ville au point de vue commercial. Ce prince, dans une tournée qu'il fit en Poitou, fut frappé, en parcourant les côtes, des avantages que présentait la position des Sables. Il ordonna et fit faire les travaux du port et des fortifications, encouragea les constructions particulières par de grandes libéralités, et dispensa les habitants de tous impôts pendant 20 ans. Dès ce moment, la population s'accrut de 10 à 12,000 âmes, et les Sables reçurent le titre de ville. La pêche et le cabotage, puis plus tard la pêche de la morue, suffirent pour achalander le port qui, alors, pouvait contenir des navires de 150 tonneaux. Les Sablais mettaient annuellement en mer 101 vaisseaux, tandis que Nantes n'en mettait que 89 et la Rochelle 32.

Les Sables avaient eu cependant bien à souffrir des guerres religieuses du XVI° siècle. En 1570, Lanoue, qui était à la tête des corps de troupes calvinistes, vint assiéger les Sables. Charles de Rouhant, qui commandait la place, se défendit avec valeur, mais, ne recevant aucun secours, ni d'hommes, ni de vivres, la ville fut prise d'assaut et pillée.

En 1577, les Sables furent pris et pillés une seconde fois par les Huguenots. La ville n'ayant pas alors de garnison, 1,500 hommes s'en rendirent aisément maîtres, ainsi que du bourg de la Chaume.

Enfin, au mois de février 1622, les Sables furent une troisième fois pris et pillés par les Huguenots, malgré une défense énergique. Le duc de Soubise demanda qu'il lui fut payé cent mille livres, quatre-vingts pièces de canons et cent vaisseaux. Les Sablais acceptèrent pour se préserver du pillage, mais Soubise ne tint pas parole ; il permit le sac à ses soldats pendant deux heures, et rien ne fut épargné.

Le roi Louis XIII, qui était venu en personne prendre part à ces guerres, ordonna la poursuite des soldats de Soubise ; ceux-ci furent surpris au moment où ils s'embarquaient. L'armée royale et les paysans Sablais, dans leur juste fureur, firent de ces soldats un massacre effrayant.

Les Rochelais qui étaient du parti de Soubise, ignorant complétement cette défaite, envoyèrent quelques bâtiments devant les Sablés et une chaloupe de leur flotte, montée de plusieurs hommes, commandée par un nommé Foran de l'île de Ré ; celui-ci, croyant arriver vers les siens, se fit capturer sans défiance.

On força Foran à remonter sur la même chaloupe ; et, à tout l'équipage, on avait substitué des catholiques vêtus du costume des Rochelais. On voulut obliger, le poignard sur la gorge, ce commandant de chaloupe à faire des signaux aux navires de son pays, pour leur dire d'entrer dans le port ; mais ce courageux homme préféra la mort et sauver les navires Rochelais : il cria de toutes ses forces: trahison ! trahison ! En se sacrifiant ainsi, il sauva toute la flotte.

Pendant le siége de la Rochelle, les Sables prirent une grande part à cette lutte terrible entre catholiques et protestants. L'armée de Louis XIII comptait tous les jours un vaisseau Sablais de plus. Les Sables étaient aussi le lieu de ravitaillement des troupes.

A partir de cette époque, a commencé la déchéance matérielle des Sables. Les guerres de Louis XIII ont décimé sa population et mis un terme presque complet à la pêche de la morue, laquelle était une des plus grandes ressources du pays.

Des Sables sont sortis des plus hardis marins de la marine française. Nous citerons : le célèbre corsaire David-Nau ; le savant voyageur Imbert ; Gaudin, membre de l'assemblée nationale et correspondant de l'institut ; le vice-amiral de Vaugiraud, gouverneur général des Antilles en 1815, et le contre-amiral Gautier.

Le 17 juillet 1696, la flotte Anglo-Batave, commandée par l'amiral Hollandais Russel, attaque les Sables. L'amiral avait pris en mer, pour lui servir de pilote, un pêcheur de la ville, nommé Daniel Fricaud. Ce vrai patriote induit en erreur la flotte Hollandaise, en disant que la ville était aussi large que longue. Sur ce renseignement, les Hollandais et les Anglais lancèrent leurs boulets droit devant eux ; ceux-ci allaient tomber dans les marais au-delà du port où ils ne faisaient aucun mal. Dans le quartier de la Chaume seulement, 30 ou 40 maisons furent détruites. Pour faire croire à l'ennemi que le bombardement détruisait une partie de la ville, les Sablais allumèrent de grands feux de paille, ce qui trompa complétement l'ennemi.

Daniel Fricaud fut remis en liberté. Aujourd'hui une toute petite rue près de l'Hôtel-de-Ville porte son nom : c'est là tout ce que l'on a fait pour honorer la mémoire de ce sauveur des Sables. C'est après ce bombardement que furent construites les fortifications qui existent encore aujourd'hui.

Pendant les guerres de la Vendée, la ville des Sables a aussi joué un grand rôle. Les Sablais sont toujours restés fidèles à la cause républicaine. La ville n'a jamais été occupée par les royalistes et a soutenu un siége victorieux, tout à la louange de la bravoure des Sablais. Les chefs vendéens royalistes, Jolly et la Sécherie, résolurent de tenter une attaque, espérant s'emparer de la ville des Sables, et posséder son port qui leur aurait été d'une grande utilité.

Le 24 mars 1793, ils se montrèrent, avec toute leur armée, sur les hauteurs de Pierre-Levée. Les Sablais ne s'attendaient pas à cette attaque ; cependant ils se mirent promptement en état de défense, et, ayant le conventionnel Gaudin à leur tête, ils combattirent si bien, que l'armée ennemie [1] fut obligée de battre en retraite à plus de trois kilomètres.

Mais le lendemain cette armée reparut, ayant doublé ses forces, et vint s'établir à la *virée* d'Olonne [2]. Etant si près de la ville, elle chercha à l'incendier en tirant à boulets rouges.

Les Sablais étaient en bon état de défense, ils cherchèrent à faire sauter les munitions de l'ennemi, ce qui leur réussit, et l'armée royaliste fut mise en déroute.

On voit encore aux Sables, rue du Boulet-Rouge, près de la prison, deux boulets qui ont pénétré dans le mur d'une maison. Ces deux projectiles proviennent de ce dernier combat.

Sous l'empire, le 23 février 1809, la rade des Sables fut le théâtre d'un glorieux

[1] Forte de dix mille hommes.
[2] Le 29, jour du Vendredi Saint.

combat maritime, soutenu par les trois frégates françaises : la *Calypso*, capitaine Jacob ; la *Cybèle*, capitaine Cocault, et l'*Italienne*, capitaine Jurien, contre cinq vaisseaux de ligne anglais.

La division française, venant de Lorient, avait rencontré en mer la division anglaise.

Pour ne point se laisser envelopper, le commandant Jurien gagna la rade des Sables et s'adossa à la plage ; les préparatifs de combat furent faits avec diligence[1].

« A neuf heures et demie, les vaisseaux » anglais arrivèrent. A neuf heures trois » quarts, le vaisseau de 80 (*la Défiance*) » mouilla par le bossoir de tribord du capi- » taine Jurien, à demi-portée de pistolet, » et les autres bâtiments se tinrent sous » voiles à petite portée de fusil. Le com- » mandant Jurien fit commencer le feu par » sa frégate. Le combat alors éclata sur » toute la ligne, et devint terrible. On se » foudroya de part et d'autre avec un » acharnement que la colère de nos mate- » lots, d'un côté, la confiance des Anglais

[1] Nous détachons la description que fait de ce combat le *Guide des baigneurs et des touristes aux Sables-d'Olonne.*

» de l'autre, rendaient encore plus furieux.
» Sur toute la rade s'élevaient d'immenses
» tourbillons d'une fumée noire que sillon-
» naient de leurs éclats redoublés, des
» explosions formidables.

» Toute la ville émue contemplait cet
» effrayant et glorieux spectacle. Pendant
» les trois heures que dura la lutte inégale,
» soutenue si héroïquement par nos trois
» frégates, elles n'eurent pas cent hommes
» mis hors de combat ; tandis que le vais-
» seau ennemi, le plus près d'elle, fut
» horriblement maltraité. A la fin, ne pou-
» vant plus résister au feu meurtrier des
» Français, le commandant anglais se
» décida à couper son câble pour prendre
» le large; mais, pendant cette évolution,
» son vaisseau tout à coup échoua, et,
» présentant sa poupe à la division française,
» il essuya pendant plus d'un quart d'heure
» le feu des frégates. Les cris de : vive l'Em-
» pereur! poussés par les équipages français,
» annoncèrent que ce vaisseau allait suc-
» comber, quand soudain, par un bonheur
» inconcevable, il parvint à s'éloigner.

» Toute sa poupe ne faisait qu'une
» embrasure. A midi un quart, le combat

» avait cessé, et les navires ennemis avaient
» abandonné le champ de bataille. Leur
» retraite était une fuite ! On a appris
» depuis que le vaisseau du commodore
» avait eu 250 hommes hors de combat, et
» que les deux autres vaisseaux avaient
» été aussi maltraités. »

Le lendemain le commandant Jurien-Lagravière écrivait au ministre de la marine : « Il est impossible de voir des frégates combattre avec tant de constance des forces si supérieures ! »

Le 24 février, la *Cybèle* et la *Calypso* rentrèrent dans le port, le commandant Jurien reçut les acclamations enthousiastes de toute la population.

L'Italienne ayant reçu de grandes avaries, a coulé en rade dans la nuit, et une partie de la carcasse y est toujours restée. Il y a une vingtaine d'années on est parvenu à ôter tout le cuivre du gouvernail. Les deux autres frégates, la *Cybèle* et la *Calypso*, ont été démolies dans le port en 1816.

Le commandant Guiné, célèbre marin Sablais, a pris une grande part à ce combat. Il commandait alors le fort Saint-Nicolas;

ses feux bien dirigés firent beaucoup de mal à l'ennemi.

Le commandant Guiné avait en 1805, armé un corsaire et toute une flotte composée de 15 péniches ; lui, montait un lougre du nom de *Rapace*, et marchait à leur tête. Il était la terreur des Anglais ; sa bravoure et son audace étaient connues de toute l'Angleterre. Il faisait de nombreuses prises aux Anglais. Quand il rentrait aux Sables, il remettait à l'autorité les prises qu'il avait faites, lesquelles consistaient principalement en étoffes de soieries de toutes sortes. On les portait sur la place d'Armes, et les Sablais, en vrais marins désintéressés, et, étant à terre, ne connaissant que le plaisir, y mettaient le feu pour en faire un immense feu de joie.

On a vu des matelots avoir leurs poches remplies d'or et n'en faire d'autre cas que de mettre ces pièces dans de l'huile bouillante, puis les jeter par les fenêtres, et cela pour avoir le plaisir de voir la populace se ruer pour les avoir.

ANECDOTE D'UN MARIN SABLAIS.

Au mois d'août 1780, dans le temps que la France et l'Angleterre se faisaient la guerre pour l'indépendance des Etats-Unis d'Amérique, le capitaine Léon Naudin, des Sables-d'Olonne, commandant le brick de commerce, la *Fidèle Marianne,* du port d'environ 120 tonneaux, partit de Bayonne avec un chargement de brai, raisine et autres marchandises pour Nantes.

Le lendemain matin à la pointe du jour, comme il se disposait à donner en rivière, il aperçut un navire devant lui qui forçait de voile pour l'atteindre; il ne tarda pas à reconnaître que le navire était un lougre ennemi, qui cherchait à l'accoster, et que, bientôt, il serait capturé, parce que le corsaire avait une marche bien supérieure à la sienne; malgré cela, il fait le mieux possible ses dispositions de défense, en chargeant deux canons et quelques fusils dont son navire était armé.

Quand le corsaire ennemi fut arrivé a demi-portée du capitaine Naudin, il lui tira un coup de canon à boulet et arbora le pavillon anglais. Le capitaine Naudin hissa le sien et riposta avec ses canons; mais le corsaire qui était armé de six canons et d'un nombreux équipage, se disposait à manœuvrer pour aborder le navire du capitaine Naudin; alors, quand ce dernier vit que tout moyen de résistance était inutile, il se décida à amener son pavillon et à se rendre à l'ennemi.

Quand l'Anglais se fut emparé du navire du capitaine Naudin, il fit passer celui-ci, deux de ses matelots et un mousse à bord de son corsaire, et le reste de l'équipage, au nombre de cinq à six hommes restèrent sur la prise pour être conduits avec elle en Angleterre.

Le capitaine Naudin avait fait à Bayonne une assez bonne provision de jambon et d'eau-de-vie qu'il se proposait de vendre à Nantes; le capitaine anglais s'en empara d'abord et fit porter le tout dans son corsaire; et là, il mangea du jambon et but si copieusement de l'eau-de-vie, qu'il fut obligé de descendre dans sa chambre pour s'y coucher; plusieurs matelots en firent autant dans la cale, et ceux qui étaient chargés de la conduite du corsaire, excepté le timonier, se couchèrent sur le pont pour se reposer de la fatigue de la journée. Alors le courage du capitaine Naudin se ranime, il croit que le moment est arrivé de recouvrer la liberté en s'emparant du corsaire ; il communique ses intentions à ses deux matelots (les braves Prouteau et Gautreau, des Sables) : tous deux répondent qu'ils sont prêts à le seconder, qu'il n'a qu'à commencer l'attaque, qu'il peut compter sur eux. Aussitôt le capitaine Naudin s'empare d'un sabre qui est auprès de lui et s'élance sur le timonier ; celui-ci se voyant attaqué abandonné son gouvernail, saisit son adversaire au corps, le renverse ; mais comme il était beaucoup plus fort que le capitaine Naudin, ce dernier aurait eu de la peine à se tirer d'affaire, si les deux matelots, Prouteau et Gautreau, qui, pendant la lutte de leur capitaine avec le timonier, avaient eu le temps de se défaire des autres anglais et de les précipiter dans la cale en fermant solidement les panneaux, n'étaient venus le dégager des mains de son ennemi et le réduire à ne pouvoir plus leur nuire.

Le capitaine du corsaire, que le bruit de

la lutte de ses matelots avec les Français, avait réveillé, voulut monter sur le pont pour savoir ce qui se passait; mais le capitaine Naudin se présente bien armé, lui annonçant qu'il est son prisonnier, et qu'au moindre mouvement hostile de sa part ou de quelques-uns des siens, ce sera le signal de leur mort, et il le renferma dans sa cabane.

Quand toutes les précautions furent prises, le capitaine Naudin, aidé de ses deux matelots et de son mousse, orienta les voiles du corsaire et mit le cap sur son bâtiment qui faisait route pour l'Angleterre; mais comme ce dernier était pesamment chargé, et que le corsaire était bon voilier, il l'eût promptement atteint; alors le capitaine Naudin fit monter le capitaine anglais sur le pont pour annoncer à ceux qui conduisaient la prise en Angleterre, qu'il fallait changer de route; qu'au lieu d'aller à Gersey, c'était en rivière de Nantes qu'ils conduiraient la *Fidèle Marianne.*

Cette nouvelle causa un grand étonnement à bord de la prise; il y eut même pendant quelques instants une vive résistance; mais il fallut céder aux menaces que fit le capitaine Naudin aux Anglais, de les couler bas, s'ils ne se rendaient pas de suite.

Enfin, le 16 août 1780, à la chute du jour, le corsaire *Le Ranger de Gersey*, capitaine Michel Gabarol, fut conduit en rivière de Nantes, précédé du brick la *Fidèle Marianne* qui avait été prise par le corsaire, qui, à son tour, fut capturé par trois braves marins Sablais et conduit à Nantes.

CHAPITRE II.

LES SABLES DE NOS JOURS

DESCRIPTIONS DÉTAILLÉES DE LA PLAGE, DU PORT DES MONUMENTS, DES PROMENADES, ETC.

1874.

LA PLAGE.

La ville des Sables, si coquettement assise autour de sa belle plage, est visitée, tous les ans, par un nombre toujours croissant d'étrangers.

Sa plage n'a pas de rivale; elle est, sans contredit, la plus vaste et la plus belle de France.

On jouit de la vue sans borne de cet océan immense. En le voyant pour la première fois, on reste frappé d'étonnement et d'admiration.

La mer, se fondant à l'horizon avec le ciel, paraît, comme lui, infinie et mystérieuse. On ne peut s arracher à ce merveilleux spectacle, le plus majestueux et le plus varié qu'il soit donné à l'homme de contempler.

Dans toute l'étenduo de la plage, bien exposée au sud, on ne voit qu'un sable fin et uni, qui s'échauffe doucement aux rayons du soleil,

Il est prouvé que les bains sont bien plus salutaires pris sur une plage sablonneuse, que sur un fond vaseux ou caillouteux ; puis, on ne court aucun danger, puisqu'il n'y a pas d'inégalités de terrain, pas un galet, pas la moindre petite roche qui puisse blesser. Aussi, nos élégantes baigneuses laissent-elles de côté les souliers de bain, et ne craignent pas de courir nu-pieds, de leur cabane à la mer. Ce serait faire une insulte à la plage de se garantir les pieds contre un sable si fin.

Pourtant sur la plage, il y a un coquillage que l'on trouve en abondance, mais en creusant de quelques centimètres dans le sable encore humide. Ce mollusque est appelé par les Sablais, pignon. Son goût est fort agréable, aussi bien crû que cuit, et sa pêche facile est un sujet de grands passe-temps pour les petits enfants.

Les promenades à ânes ont aussi beaucoup d'attraits, et constituent une des distractions bien en vogue sur la plage.

Tout le monde veut y aller, depuis nos bonnes grand'mères, jusqu'au tout petit bébé, qui trouve des selles pour que sa petite personne ne coure aucun risque.

La plage est terminée à l'est par des rochers. Quand la mer se retire, elle en laisse à découvert un assez long espace. C'est alors le moment de se livrer à la pêche des crevettes, des tout petits poissons, des crabes, etc. Muni de pêchettes, on pourra toujours faire une bonne petite récolte.

La ville est garantie des sables de la mer, par un beau quai appelé *le Remblai*. C'est là que, chaque soir, les promeneurs se donnent rendez-vous; une foule élégante s'y presse. Cette promenade est bien choisie pour le bien-être des baigneurs; car le soir, surtout, on y respire une brise salée, qui donne la santé et renouvelle les forces.

Des bancs sont disposés sur toute la longueur du Remblai. Un, surtout, remarquable et pouvant donner place à plus de 100 personnes, est appelé *banc de la critique*. Jamais nom n'a été si bien choisi, car ceux qui sont assis là, après s'être, s'il est possible, rassasiés du superbe spectacle de l'Océan, qui s'étend devant eux, sont portés à remarquer, à admirer, *peut-être à critiquer* la toilette de celle-ci, la tournure de celui-là.

De bons musiciens ambulants viennent chaque soir sur le Remblai ; en entendant leurs airs mélodieux, toutes les jeunes têtes rêvent de danse, et un joyeux bal d'enfants s'organise bien vite et dure toute la soirée.

L'OCÉAN. — LES MARÉES [1].

« L'Océan est la source fécondante de la
» vie organique, comme il est la source de
» chaque ruisseau qui fertilise le sol, de
» chaque nuage qui rafraîchit l'air ; sans
» lui, pas une herbe verte, pas un épis doré,
» point de fleurs, pas de fruits ; sans lui,
» pas un être animé à la surface de globe.

» La marée monte ; on voit dans le loin-
» tain la vague qui s'avance d'un mouve-
» ment uniforme, grandissant ; grandissant,
» comme si elle allait tout engloutir ; puis
» on la voit qui décroît peu à peu en appro-
» chant du rivage, pour finir en une mince

[1] Nous ne saurions mieux décrire les effets de la marée qu'en reproduisant ici ce qu'en dit M. Pizzeta, dans son ouvrage intitulé : *Les Secrets de la Plage.*

lame d'eau qui se recourbe en volute, et se brise enfin sur la grève, qu'elle couvre de sa blanche écume.

» Mais l'empire des eaux est soumis à un autre pouvoir; la force d'attraction, qui régit l'univers, lui impose un autre mouvement. Obéissant à cette force invisible, mais constante, les eaux de la mer s'élèvent deux fois par jour sur les côtes de l'océan, et deux fois s'abaissent par un mouvement inverse. Cette première phase de la marée, qu'on appelle marée-haute, marée montante ou flux, dure six heures; au bout de ce temps, la mer semble rester à l'état de repos durant un quart d'heure environ, après lequel les eaux redescendent pendant six autres heures. Cette seconde phase, périodique et régulière comme la première, s'appelle marée descendante, marée basse ou reflux. Ce mouvement est encore suivi d'un quart d'heure de repos, après lequel le reflux recommence, et ainsi de suite, alternativement.

» La mer avance et recule deux fois par jour, mais pas à des heures exactement correspondantes, les marées du jour

» étant en retard d'environ quarante mi-
» nutes sur celles de la veille.

» Quand le soleil et la lune passent en-
» semble au méridien, ou dans le point
» opposé du ciel, c'est-à-dire dans la nou-
» velle et dans la pleine lune, les deux
» forces d'attraction s'ajoutent, et il en
» résulte une marée plus forte, lorsqu'au
» contraire, au premier et au dernier
» quartier, la marée monte bien moins. »

Il n'est pas utile, sur la plage des Sables,
d'attendre l'heure de la marée pour prendre
les bains, tous les moments sont bons.

Par le mauvais temps, quand la mer est
très-forte, on hisse le drapeau rouge, pour
avertir les baigneurs qu'il faut user de
prudence, c'est-à-dire, ne se tenir qu'au
bord de l'eau, ne pas s'exposer à aller dans
les vagues trop fortes qui pourraient faire
perdre pied.

LE PORT,

Bassin quadrilatéral accessible aux navires de 350 à 400 tonneaux, communique
avec la haute mer, par un long chenal dont
la direction est celle du sud-ouest.

Du côté de l'ouest et du nord-ouest, la rade et le chenal sont protégés par une péninsule rocheuse, appelée Pointe de l'aiguille, près le sémaphore de la Chaume, à l'extrémité de laquelle ont été construits le petit fort Saint-Nicolas et la jetée Saint-Nicolas.

Le port des Sables est visité par des navires, tant étrangers que français, qui font le commerce des grains, des vins, des sapins de Norwège, de charbon, de goudron et de poissons.

Les armateurs de la ville s'occupent surtout de la pêche de la sardine; on compte plus de quatre cents bateaux Sablais armés pour cette pêche. Le matin, dès l'aube, c'est un coup d'œil des plus pittoresques, que le départ des canots ; toutes ces barques légères, surmontées de grandes voiles, bondissent sur les vagues comme une volée de mouettes.

La pêche du poisson et de la sardine, est pour le port des Sables, l'une des branches de commerce les plus productives.

C'est aux Sables que paraît la première sardine de l'année. Aussi, en attendant qu'elle apparaisse sur leur côte, voit-on les pêcheurs bretons, au nombre de trois à quatre cents, venir faire concurrence aux pêcheurs Sablais ; puis suivre la sardine lorsqu'elle se dirige sur les rivages de Bretagne.

La jetée Saint-Nicolas, qui s'avance en mer au bout du quai de la Chaume pour protéger la grande jetée, fut établie de 1763 à 1766.

De 1767 à 1782, on travailla à la grande jetée qui a 725 mètres de longueur.

De 1782 à 1787, on fit le quai de la Chaume.

Au delà du port, il existe un réservoir d'environ quinze millions de mètres cubes d'eau, qui, pour le nettoyage du port, peuvent être lâchés au moyen de deux écluses.

On fait, dans ce moment, de grands travaux. Un grand bassin à flot, qui est au nord du port, sera inauguré prochainement. Il pourra contenir une grande quantité de navires toujours à flot.

On nous fait espérer que, sous peu, notre port reviendra ce qu'il était au temps jadis [1].

[1] Voir la notice historique.

LA POISSONNERIE.

La femme Sablaise est très-courageuse, très-travailleuse. Si l'on va sur le port, au moment de l'arrivée du poisson et aussi de la vente à la criée, on voit toutes ces femmes, aller, venir, compter, ranger le poisson, avec une vivacité dont rien n'approche.

Elles se rendent au bas de la cale, et là, les pieds dans l'eau, elles y lavent leurs paniers de poissons. En les voyant faire cet ouvrage l'été, il n'y a rien qui semble extraordinaire ; mais qu'on se figure bien que cette même opération se fait en hiver et sans calculer le degré de froid.

L'hiver comme l'été, la femme Sablaise a toujours les mêmes allures, toujours le court jupon rouge, les pieds et les bras nus.

Nous engageons nos lecteurs à faire souvent, pendant leur saison, de petites excursions à la Poissonnerie, au moment de la rentrée des chaloupes et du débarquement du poisson. Peut-être y aura-t-il eu la pêche de ces poissons aux espèces rares sur nos côtes, et que l'on n'a encore vus que desséchés et conservés dans nos musées, ou encore de ces poissons gigantesques qui, quelquefois, mesurent trois mètres de longueur.

Enfin, à ces moments-là, les quais du port présentent toujours un aspect des plus riants et des plus animés.

Quant au marin Sablais, le pêcheur, quoique n'ayant pas de type bien caractérisé qui le distingue des hommes de mer des autres pays, nous croirions manquer, si nous n'en disions quelques mots.

Tous ses moments de labeurs se passent en mer : une fois à terre, et que son poisson est sorti du canot, sa tâche est terminée; il rentre chez lui, où il jouit un instant des douceurs de la famille. En la laissant, la veille, peut-être s'était-il dit, si le temps était noir et menaçant, vous verrai-je bien demain; la vie du pêcheur est si aventureuse! Combien y en a-t-il qui sont sortis du port, le matin, par un beau temps, et qui le soir n'ont pu braver une épouvantable tempête. Ils sont venus périr, là, devant chez eux, en vue de leurs femmes et de leurs enfants désespérés.

Ces drames maritimes, malheureusement trop fréquents, jettent la consternation dans le pays ; toute la population compatit à ces malheurs.

« Sous son enveloppe grossière en appa-
» rence, l'homme de mer cache un cœur
» sensible et bon, une âme droite et forte ;
» pour lui, la mer est l'arène du courage
» et de l'énergie, et sa vie est une lutte
» constante ; seul, sur cette immense étendue
» de l'onde, le marin sait qu'il ne lui faut
» compter que sur ses propres forces et sur
» l'aide de Dieu ; il éprouve alors ce noble
» sentiment de fierté et de liberté qui, en
» dépit de toutes les fatigues et de toutes
» les souffrances, lui fera toujours déserter
» le repos du port pour l'agitation de
» l'océan [1]. »

TEMPÊTES.

Il y a eu à différentes époques des tempêtes terribles ; on cite qu'en 1750, la mer, poussée par le vent, monta très-haut et dégrada

[1] *Les Secrets de la Plage*, par Pizzeta.

considérablement la ville, plusieurs maisons furent enlevées; l'orage eut lieu la nuit, les habitants en furent très-alarmés, ils craignirent l'engloutissement de la ville.

Les habitants de tous les villages voisins furent sommés de venir travailler avec les Sablais, à réparer, au plus vite, les désastres causés par les eaux.

En 1763, la même tempête se renouvela; alors les habitants présentèrent un placet à M. le contrôleur général, pour demander la continuation du quai, jusque vis-à-vis le château de la Chaume.

Les grands travaux de réparation se firent de suite, et la grande jetée fut commencée en 1766, sous la direction de M. Lamandé, ingénieur des Ponts-et-Chaussées.

En octobre 1859, il y eut aussi une forte tempête, la plus forte qu'il y ait eue depuis 1763. La grande jetée disparaisait sous l'écume des vagues, la mer passait par dessus les quais du port, toutes les caves des maisons avoisinant les quais étaient remplies d'eau. Du côté de la plage, chaque vague passait par dessus les quais du Remblai et allait frapper les maisons. Le vent était tellement violent, que plusieurs flocons d'écume ont été poussés jusque sur la place de l'église.

Depuis cette tempête, la jetée Saint-Nicolas a été prolongée.

Le 24 avril 1868, il y eut aussi une grande tempête ; plusieurs navires de pêche se trouvaient en mer, quand un ouragan terrible se déclara.

En rade, en face le grand escalier de Minage, une chaloupe en détresse faisait des signaux d'appel au secours ; elle était assez près de la côte pour que, à l'aide d'une petite lorgnette, ou puisse distinguer nettement les hommes. Deux, seulement, étaient encore vivants, sur huit hommes composant l'équipage. Ils se cramponnaient aux mâts pour ne pas être emportés par les coups de mer. Le bateau de sauvetage, relégué dans sa petite maison, demandait beaucoup de temps pour être mis à l'eau ; enfin on l'apprête, douze hommes le montent, ils rament à grande peine, pour se frayer un chemin sur cette mer en furie ; on le voit doubler le bout de la jetée ; tous les Sablais sont là, sur le Remblai, haletants, épiant le moindre incident de cet affreux drame. Enfin les sauveteurs arrivent côte-à-côte avec le bateau en danger; on voit les deux hommes mettre le pied sur le bateau de sauvetage, un soupir de soulagement s'échappe de toutes les poitrines, ils étaient sauvés : au même instant la chaloupe sombra; il était temps qu'on arrivât au secours.

Tous les regards se concentrent maintenant sur un seul point : le bateau de sauvetage ; on le voit disparaître sous une vague écumeuse, mais pour reparaître aussitôt; il disparaît encore, on attend cinq, dix minutes, on ne voit rien, alors on comprend l'étendue du malheur, une des soupapes du bateau avoit été effondrée par les coups de mer.

Les ceintures de sauvetage, dont étaient munis les hommes, n'avaient aucune vertu contre ces flots en furie : aussi tous ont péri, sauf deux qui ont été miraculeusement rejetés à la côte. Le mouvement de la mer poussait les autres naufragés du côté de Tanchette, dans les rochers ; là on les voyait se débattre, faire des mouvements désespérés pour se sauver ; c'était quelque chose d'affreux : un d'eux est venu bien près du bord. Alors un des spectateurs, un trop courageux jeune homme, excellent nageur, se jette à la mer, il espérait le sauver, mais lui aussi ne revint pas. Une mère de plus avait à pleurer son enfant.

Ces dix-huit naufragés étaient presque tous Chaumois ; aussi, après ce triste événement, le quai de la Chaume n'avait plus cet aspect de franche gaîté, que l'on y remarque aujourd'hui ; l'éclatant jupon rouge ne se voyait que bien peu, le vêtement noir avait pris sa place.

Dans les jours qui ont suivi, presque tous les cadavres sont venus à la côte, ou ont été recueillis en rade par les chaloupes de pêche.

Les premiers ont eu des obsèques très-pompeuses, toutes les autorités de la ville y avaient été conviées officiellement. M. le maire ouvrait la marche, donnant le bras au patron du bateau de sauvetage, un des sauvés de ce terrible naufrage. La population, presque toute entière des Sables et de la Chaume, complétait le cortége.

Plusieurs éloquents discours ont été prononcés sur les tombes.

NOTRE-DAME

ÉGLISE PAROISSIALE.

L'église Notre-Dame fut bâtie en 1647, sous Richelieu, et resta inachevée comme on la voit aujourd'hui ; elle est d'une construction assez massive, décorée de jolies portes, style de la renaissance, malheureusement très-dégradées.

A l'intérieur, on oublie ce qui manque à l'extérieur ; elle est vaste, bien éclairée, les vitraux, dus en grande partie aux premiers artistes de Tours, sont d'une exécution remarquable. Un grand nombre de tableaux ornent les murs, plusieurs ont pour auteurs des artistes Sablais. Un tableau de saint François, placé dans une chapelle derrière le chœur, et une *Mater dolorosa*, sont très-appréciés des connaisseurs ; malheureusement cette dernière, après avoir reçu plusieurs avaries, a été mal retouchée et a perdu une grande partie de sa valeur.

Autour de l'église il y a quatorze chapelles, toutes coquettement enjolivées. Les ornements que l'on y met les jours de fêtes, sont d'une très-grande richesse. Dans beaucoup de ces chapelles, il y a quelques bonnes sculptures.

La voûte en pierres est d'une construction toute récente, finie seulement en 1873, après quatre ans de laborieux travaux.

On doit cet embellissement au zèle infatigable de M. l'abbé Michaud, curé des Sables [1], qui n'a rien négligé pour parvenir à réaliser les fonds nécessaires à cette grande entreprise, et la mener à bonne fin : aujourd'hui un plein succès a couronné son œuvre.

Tous les jours les messes sont à cinq heures, six heures, sept heures, sept heures et demie et huit heures.

Le dimanche, la grand'messe est à dix heures. — Les vêpres à deux heures; à cinq heures, vêpres du Saint Sacrement et salut.

Les jours de grandes fêtes, les vêpres, suivies du salut, sont à trois heures.

[1] En vente à la librairie T. Bossu, en face la grande porte de l'église. trois ouvrages par M. l'abbé Michaud, curé des Sables — Mois de Marie, à l'usage de la jeunesse, 1 volume in-32. — Préparation à la première communion, 1 volume in-32. — Sujets de méditations pour les jeunes personnes du monde, 1 volume in-32, 14e édition.

NOTRE-DAME DE BONNE ESPÉRANCE,
DITE BOURGENET.

Notre-Dame de Bonne Espérance, anciennement appelée Bourgenet, est une petite chapelle d'une jolie construction gothique, située au bout de la plage, près des moulins.

Cette chapelle miraculeuse, est le but de bien des pèlerinages; du reste les ex-voto dont sont ornés les murs, en sont une preuve.

On remarque la Vierge dont la figure est grossièrement sculptée. Cette statue en bois provient de l'enseigne d'un navire; on l'a trouvée en mer, et elle a été recueillie par les habitants de Bourgenet, petit hameau, près le Cayola.

La tradition dit que la personne qui l'avait en sa possession, voulut la faire brûler avec d'autres choses, dont elle voulait se débarrasser. Tout fut dévoré par les flammes; seule la Vierge ne brûla pas : alors une des personnes, témoin de cette scène, s'empara de la statue, et vint aux Sables la déposer à l'hospice; là on en fit peu de cas, car elle resta bon nombre d'années dans un grenier.

Enfin, on dressa un autel dans une petite chambre, que l'on voit encore aujourd'hui, dans la cour de Notre-Dame de Bonne Espérance, et on y mit la statue, qui, depuis cette époque, fut toujours pour les Sablais l'objet d'un saint respect. Bien des vœux que l'on venait y former furent exaucés; alors on fit bâtir la grande et jolie chapelle, où l'on transporta la statue, après l'avoir enjolivée d'une couche de peinture aux couleurs vives.

Tous les jeudis, à huit heures, on y dit la messe.

Si l'on désire mettre des cierges, on en trouve dans l'établissement aux lavoirs, au fond de la cour.

COUVENTS, SÉMINAIRE.

Le couvent des religieuses Ursulines de Jésus, était autrefois un couvent de moines. Ce couvent a une pension de demoiselles de premier ordre.

Ses bosquets touffus, ses immenses jardins font un contraste charmant avec l'aridité de la plage.

La chapelle ouverte au public tous les

jours, est digne d'être visitée : l'art et lo
bon goût n'ont rien épargné à son enjoli-
vement.

Tous les jours la messe basse y est dite
à six heures trois quarts.

Le dimanche, les vêpres à trois heures
et demie, et le salut à quatre heures.

Le séminaire diocésain, situé route de
Talmont, était autrefois un couvent de
bénédictines ; plus tard, il fut transformé
en hôpital militaire, puis en collège com-
munal, et enfin en petit séminaire.

Le 27 décembre 1835, un incendie, d'une
violence extrême, faillit réduire en cendres
tout le petit séminaire. C'était la nuit, vers
deux heures du matin, toute l'aile du nord
n'était qu'un vaste brasier, et les flammes,
poussées par un grand vent, menaçaient
les autres corps de bâtiments; mais, par
une providence que l'on peut dire miraculeuse, le vent changea subitement, empor-
tant les flammes dans une autre direction.
L'on se rendit alors bientôt maître de
de l'incendie.

Malgré ces ruines et les dégats qui étaient
considérables, le séminaire ne se ferma pas.

Le couvent des petites sœurs des pauvres, asile des vieillards, est situé rue de l'Hôtel-de-Ville, nº 48.

Cette admirable congrégation fut érigée aux Sables, par une demoiselle Sablaise, Mademoiselle Dupont, qui, en mourant, légua toute sa fortune pour l'achat et l'installation première de la maison. Mais maintenant, les aumônes que l'on veut bien faire, sont les seules ressources de ce couvent, et il y a soixante vieillards à nourrir. A cet établissement, il y a une chapelle ouverte tous les jours.

Le dimanche la messe est à sept heures et le salut à quatre heures.

L'hôpital, couvent des filles de la Sagesse, a, en plus du soin de ses malades, des classes et une salle d'asile.

Les bâtiments sont immenses, mais d'une construction très-irrégulière, parce que les terrains, touchant la maison servant d'hôpital, ont été achetés au fur et à mesure qu'une acquisition était possible.

La chapelle, d'un style grec, a un certain cachet d'originalité qui plaît.

Il y a aussi rue Nationale, n° 17, un couvent de sœurs gardes-malades. Ce couvent a une chapelle.

DIVERSES DESCRIPTIONS.

Les Sables [1] ne possèdent pas de monuments que nous puissions citer comme étant artistiques.

Le *Palais de Justice*, dont le bâtiment donne d'un côté sur un joli square et de l'autre sur le Remblai, près le banc de la critique, est d'une construction fort simple.

Le quartier de la ville, appelé *Passage*, comprend les deux rues resserrées entre le port et la plage, depuis le carrefour du Commerce jusqu'au quai de l'entrée du port.

La *Sous-Préfecture* se trouve dans une de ces deux rues, lesquelles sont malheu-

---

[1] On arrive aux Sables par le chemin de fer (compagnie de la Vendée) qui a été inauguré le 29 décembre 1866, et qui, aujourd'hui, correspond avec toutes les grandes lignes. Depuis cette époque, le commerce de la ville s'est bien agrandi et de belles constructions se sont faites sur les promenades du Remblai.

reusement trop étroites pour faire ressortir et donner le relief qu'aurait eu cette jolie construction, s'il y avait eu de l'espace devant elle.

Le *Casino*, situé à l'une des extrémités du Remblai, a une salle de bal très-vaste et richement décorée. Un très-bon orchestre invite chaque soir danseurs et danseuses à se livrer aux joyeux ébats de la danse. Ces petites soirées comportent la toilette de ville; mais, généralement, un ou deux jours par semaine, il y a grand bal. L'entrée du salon se paie par abonnement; le prix est très-minime.

La *Caserne des Douanes*, située sur le port, est bâtie en forme de fer à cheval.

On appelle *Bout de Ville* le quartier compris entre la place de la Digue et les moulins.

On compte aux Sables trois grands hôtels de premier ordre : Le grand hôtel de la Plage, le Cheval Blanc et l'hôtel de France. Ces hôtels ont des omnibus qui vont à tous les trains.

Un nombre toujours croissant de maisons particulières ont des chambres en location, pour les saisons des bains; on y trouve, selon le prix que l'on veut y mettre, tout le confortable nécessaire.

Les appartements les plus enviés sont ceux qui donnent sur le Remblai et qui, par conséquent, jouissent de la vue de la mer; aussi leurs prix sont-ils plus élevés que ceux que l'on peut trouver dans l'intérieur de la ville.

Il y a aux Sables plusieurs loueurs de chevaux et voitures, qui ont à la disposition des touristes, des calèches, paniers, omnibus, etc.

LES MARAIS SALANTS.

Les terrains qui s'étendent au nord des Sables, jusqu'à la Gachère et Saint-Martin-de-Brem, sont en grande partie des marais salants.

Le sel ne se fait qu'en été. L'eau de mer, retenue dans ces petits carrés préparés dans le marais, s'évaporant à la chaleur du soleil, forme le sel, que l'on retire au fur et à mesure qu'il s'en produit une petite couche; on le ramasse en tas de forme conique, que l'on recouvre de paille et de terre glaise, pour le préserver de l'humidité. Ces amas de sel se font généralement sur les terriers qui entourent le marais.

Aux Sables, aux marais, près de la gare, il est facile d'assister à la récolte du sel; on y travaille presque tous les jours d'été.

CHAPITRE III.

LA CHAUME.

LA CHAUME.

La Chaume est un des quartiers de la ville des Sables, forme une autre paroisse, mais dépend de la même mairie.

Elle est bâtie sur une dune d'une longueur d'environ un kilomètre.

C'est en 1620 que l'on a commencé à défricher les dunes de la Chaume et à y faire toute espèce de culture. Les habitants les ont divisées en petits carrés que des murs de sables, fixés par des tamarins, protégent contre les vents. Ces petits champs creux, entre lesquels circulent des chemins bien tracés, contiennent des vignes, des pommes de terre et autres légumes qui, par leur saveur, ont acquis une certaine renommée. Leur bonne qualité est due, en partie, à l'engrais de goëmon ou varech que l'on y met.

Vers les dunes de la Chaume, il a existé un petit village appelé Perrisse, qui a été complétement englouti par les sables,

La côte est rocheuse, et offre aux promeneurs un coup d'œil sauvage et pittoresque. Rien n'est distrayant comme ces petites excursions sur ces rochers anguleux.

Munis de pêchettes, on peut se livrer, à mer basse, à la pêche aux crevettes, aux crabes et aux tout petits poissons.

Toujours en suivant la côte, on arrive au sémaphore, que l'on peut visiter; de cet endroit élevé, on jouit d'une très-belle vue.

Pour aller des Sables à la Chaume, on peut passer par le pont, dont l'entrée est aux écluses, près la place Henri IV ; ou par le bateau, qui fait constamment le service depuis sept heures du matin jusqu'à huit heures du soir; la traversée coûte cinq centimes.

LE FORT SAINT-NICOLAS.

Le fort Saint-Nicolas, à l'extrémité du quai de la Chaume, était autrefois une église, ayant un clocher pointu au milieu du corps du bâtiment ; il fut détruit par la

foudre qui communiqua un incendie violent.
On ne parvint pas sans peine à s'en rendre
maître. Il fallait porter promptement secours,
car les caveaux de l'église étaient remplis de
poudre ; heureusement le feu fut arrêté à
temps.

Depuis, ce bâtiment fut converti en for-
teresse.

On peut aller le visiter, voir les canons
et les quelques munitions de guerre qui s'y
trouvent.

Au bas du fort St-Nicolas, côté sud-ouest,
il y a une petite plage : c'est là le commencement de la côte rocheuse de la Chaume.

Sur cette plage, il y avait un puits appelé
puits-béni. La légende dit : que quand on se
lavait des eaux de ce puits, on obtenait des
guérisons miraculeuses ; depuis bon
nombre d'années, ce puits a été comblé ; on
en voit encore la margelle.

Sur les premiers rochers de cette côte,
il y en avait un appelé *Pas de Dieu*, parce
que on y voyait les formes de pas gigantesques que la légende attribuait aux em-
preintes des pieds de la Sainte-Famille.

Il y a quelques années, les mineurs ont
fait sauter ce rocher.

LE PHARE DE LA CHAUME

ANCIENNEMENT CHATEAU D'ARUNDEL.

On ne sait pas, au juste, en quel temps fut bâti le château d'Arundel; on croit qu'il date de Henri II.

La tour du château était bâtie à cinquante ou soixante toises du rivage.

Après le siége de la Rochelle, Louis XIII donna l'ordre de détruire tous les châteaux qui pouvaient servir de refuge aux protestants. Le château d'Arundel fut donc démantelé.

La tour était de figure ronde, avait dix mètres de diamètre et les murs cinq pieds d'épaisseur; aussi elle n'avait été que peu endommagée. Au commencement du siècle dernier, elle était encore très-élevée; mais en 1706, des particuliers, qui avaient besoin de pierres pour faire des empiétements ou levées de marais salants, firent battre ce monument à coups de canon pour en détacher les pierres qui leur étaient nécessaires.

En 1729, de semblables besoins firent recommencer ce petit bombardement, ce qui fait qu'il ne resta plus que deux pans de murs.

Plus tard, on fit enlever le reste de ces ruines pour construire, à cet emplacement, le phare de la Chaume.

Ce phare, de troisième ordre, est à feu fixe d'une portée de quinze milles.

On peut le visiter tous les jours : on y remarque une salle assez bien décorée, et, du haut des créneaux, on jouit d'une très-belle vue. A l'aide d'une longue-vue, que le garde met de bonne volonté à la disposition des visiteurs, on distingue très-nettement le phare des Barges, et par les temps clairs, l'Ile-de-Ré.

Les ruines que l'on voit à côté du phare, sont les restes du château d'Arundel.

Deux feux de port, l'un à la Chaume, l'autre à l'extrémite de la jetée, signalent l'entrée du chenal.

De la plage, pendant la nuit, on aperçoit le feu du phare des Baleines au nord de l'Ile-de-Ré, et, accidentellement, le deuxième phare de cette même île.

LE PHARE DES BARGES.

Aux Sables, le repos du dimanche est bien observé par les pêcheurs: Ce jour-là, pas une chaloupe, pas un canot ne sillonne la mer.

Pourtant quelquefois il y en a, mais alors la barque pavoisée est peuplée, non de rudes matelots en costume de mer, mais de jeunes gens et de jeunes femmes, tous en habits de fêtes, se laissant bercer mollement par les flots ; les airs sont remplis de sons mélodieux , tous chantent ensemble avec l'entrain et la gaîté de leur âge.

Vous aussi, lecteurs, faites comme eux, choisissez un temps bien calme et faites des excursions en mer. Plusieurs bateaux de plaisance, tous ayant de bons pilotes, sont à votre disposition.

Allez comme cela voir de près le phare des Barges. Ce phare, parfaitement construit, fut commencé en 1857, et fini en 1861. Il est situé à quatre kilomètres à l'ouest des Sables.

On ne saurait énumérer les naufrages qui eurent lieu avant l'établissement de ce fanal entouré de rochers invisibles, à mer haute, à l'œil du navigateur.

Si on ne craint pas avoir le vertige, on peut visiter l'intérieur du phare ; comme on a dû mettre la porte à quatre mètres au-dessus des plus hautes mers, on hisse les visiteurs dans un panier.

Les gardiens, par le mauvais temps, sont quelquefois trois semaines sans pouvoir communiquer avec la terre ferme.

L'appareil catadioptique a un mètre de diamètre et donne un feu blanc, varié par un feu rouge de trois en trois minutes.

CHAPITRE IV.

LA COTE.

LE PUITS D'ENFER.

C'est surtout au moment de la marée haute, quand le temps est orageux et que la mer est houleuse, qu'il faut choisir ce but de promenade.

On s'y rend à pied ou à âne; en voiture, la route n'est pas praticable. Il faut suivre la côte, traverser la plage de Tanchette et se frayer un chemin à travers les rochers, puis ensuite prendre les dunes quand, à mer haute, le chemin des rochers devient impossible à suivre. Si la mer est basse, malgré toute les difficultés que présente la route, on peut aller jusqu'au Puits-d'Enfer par la côte et les rochers. Il est à trois kilomètres de la ville.

Ce puits consiste en un gouffre formé naturellement par de gigantesques rochers; à marée haute, la mer vient s'y jeter avec un fracas effrayant, en élevant dans l'air sa blanche écume.

Les vagues de la pleine mer ne dépassent jamais dix à onze mètres de hauteur ; mais, lorsqu'elles heurtent les rochers du rivage, elles se meuvent avec une vitesse et une force prodigieuses.

Du Puits d'Enfer on aperçoit distinctement les ruines de Saint-Jean d'Orbestier.

SAINT-JEAN D'ORBESTIER.

Petit hameau, consistant seulement en quelques maisons, est situé à cinq kilomètres des Sables. On peut y aller en voiture par la route de Talmont ; mais nous conseillons le chemin de la côte, il est plus pittoresque, les accidents de terrain, la vue constante de la mer sont plus distrayants que de suivre une grande route.

A Saint-Jean, on voit les ruines de la chapelle de l'abbaye de Saint-Jean ; il y a encore des débris de statues, les restes d'un autel, etc. Cette abbaye fut détruite en 1577 par les Huguenots.

A quelques pas de là, derrière l'église, du côté de la mer, on est au bois de Saint-

Jean. Quoique ces arbres n'aient pu déployer toute leur végétation devant les acretés de la brise de l'océan, à leur ombre on trouve encore une douce fraîcheur qui invite le voyageur à faire une halte.

LE CAYOLA.

En continuant la route, deux kilomètres plus loin que Saint-Jean, on arrive au Cayola (sept kilomètres des Sables); il y a là une petite plage bordée d'énormes rochers qui, dans leur entassement, forment un chaos d'une réelle beauté.

On peut rapporter de cette excursion de petits blocs de cristal de roche, car il y en a de très-beaux.

A certaines marées, on trouve aussi, en abondance sur cette plage, de petits coquillages appelés pucelages ou porcelaines.

Dans un côté de cette plage, tous les étés, la mer amoncelle une grande quantité de cailloux, ce qui forme une vraie digue derrière laquelle il y a des sources qui se tarissent en été, mais qui, en hiver, sont très-abondantes ; et, fécondées encore par les eaux pluviales, il se fait que leur écoulement déplace brusquement les galets et détruit complétement la digue.

LA MINE.

A onze kilomètres des Sables est un endroit de la côte appelé la Mine, parce que on y a découvert une mine d'argent. On a cherché à l'exploiter à la fin du XVIIIᵉ siècle, mais sans grande réussite, quoique on en ait cependant retiré une certaine quantité d'argent. Le filon va sous l'eau, et c'est ce qui empêche toute exploitation sérieuse.

Des fragments de cabane, ayant servi aux ouvriers, se voient encore aujourd'hui.

On voit aussi l'entrée d'un souterrain allant sous la mer. Cette entrée a été murée, depuis une exploration qu'y firent des amateurs Sablais ; ils se sont avancés, en rampant, jusqu'à une vingtaine de mètres ; mais, là, ils trouvèrent une profondeur, sorte de précipice, où ils faillirent être victimes de leur amour de la découverte.

A la Mine, il y a beaucoup de rochers recouverts de mica d'une beauté remarquable; il y a aussi du cristal de roche d'une grande pureté.

CHAPITRE V.

LA ROUTE D'OLONNE.

—

OLONNE.

La commune d'Olonne a 2,088 habitants.
Le bourg d'Olonne est à quatre kilomètres
des Sables, et est la première station du
chemin de fer; si on ne s'y rend pas par la
voie ferrée, on suit d'abord la route de
Nantes; puis, à la tournée ou *virée* d'Olonne,
on prend la route de gauche; dès cet
endroit on voit le clocher pointu de l'église
d'Olonne, la route étant parfaitement droite.

Ce bourg n'a rien de bien remarquable,
le paysage est assez nu; on y voit cependant quelques ruines d'un couvent de Corliers.

Olonne a aussi sa page historique, car il
avait autrefois une certaine importance.

Les Sables n'étaient qu'une dépendance
d'Olonne; de là le nom *Sables-d'Olonne*.

4.

Louis XI se montra toujours grand protecteur des Sables, il releva cette ville des droits que le bourg d'Olonne avait sur elle, et lança cette ordonnance : « qu'il forçait les habitants d'Olonne à aller faire le guet en la ville des Sables, en cas de péril évident. »

Le 16 novembre 1622, le cardinal de Richelieu continua et acheva l'œuvre de Louis XI ; il érigea en curé la chapelle de Notre-Dame des Sables : le curé d'Olonne voulut s'opposer à cette détermination, mais Richelieu persista dans son idée; seulement il consentit à ce que la cure des Sables paierait, tous les ans à Noël, dix livres tournois à la cure d'Olonne; puis que les Sablais iraient en procession à l'église d'Olonne, le jour de la Nativité de la Vierge (8 septembre).

La procession et le paiement se sont fidèlement faits jusqu'à la révolution.

LES CONCHES D'OLONNE

OU FORÊT D'OLONNE.

Les Conches d'Olonne (près d'Olonne) sont un endroit des dunes que l'État a fait planter de sapins. En raison de la nudité des terrains avoisinants, on a donné à ce petit bois, le nom de forêt.

La compagnie des chemins de fer de la Vendée y a fait construire un chalet, où les promeneurs trouveront les rafraîchissements et le repos désirables.

LA BEAUDUÈRE.

La Beauduère, à cinq kilomètres des Sables. On y arrive en suivant la route qui conduit au chemin de fer ou en passant par Olonne. Ce petit hameau est composé seulement de quelques maisons, et d'une belle propriété avec jolie maison de maître; le concierge se prête de bonne volonté à promener les visiteurs dans les immenses jardins. On y remarque de jolies charmilles et un labyrinthe habilement tracé; ces mille détours vous écartent souvent du but qui est une grotte bâtie sur un bloc de rocher et dédiée à la sainte Vierge. A l'intérieur, les murs sont ornés par l'inscription de plusieurs strophes de vers, dues à la gracieuse poésie de M. Dalin, ancien supérieur du petit séminaire des Sables.

PIERRE-LEVÉE.

Pierre-Levée est un château d'un genre tout à fait moderne; il est à cinq kilomètres des Sables et à un kilomètre d'Olonne. On peut s'y rendre directement par la route de Nantes, on le voit sur une hauteur à droite de la route : sa construction carrée, ses murs blancs se détachent nettement derrière la longue avenue de verdure qui s'étend devant la façade du château.

Pierre-Levée est presque toujours habité par ses propriétaires, on ne peut donc pas le visiter.

De cet endroit élevé, on distingue, dans un fond brumeux, la silhouette de la ville des Sables, que l'on voit dans toute sa longueur et qui présente vraiment l'aspect d'une grande ville.

C'est à Pierre-Levée que, pendant la guerre de la Vendée, les chefs royalistes vinrent s'établir avec leur corps d'armée, pour se préparer à l'attaque de la ville des Sables.

CHAPITRE VI.

LA ROUTE DE TALMONT.

LE CHATEAU D'OLONNE.

Pour arriver au château d'Olonne, qui est à près de quatre kilomètres des Sables, on suit d'abord la route de Talmont, puis on prend la route de gauche.

Ce petit village se compose de quelques maisons, éparses çà et là, au milieu de bouquets de verdure.

Il y a une belle propriété, appelée le château de Fenestreau. La maison n'a rien de bien remarquable, mais il y a d'immenses jardins et un bois de quarante hectares, lequel est traversé par de grandes allées bien tracées et bien entretenues.

LE VEILLON.

Le château du Veillon, à dix ou onze kilomètres des Sables, sur la droite de la route de Talmont, était un ancien monastère, dont il ne reste plus que deux tours carrées, reliées entre elles par une galerie à jour. Un magnifique bois, bien touffu, entoure le château et s'étend jusqu'au bord de la mer.

Le Veillon est aujourd'hui une habitation particulière.

Dans le bois, il y a une fontaine remarquable par l'ancienneté de sa construction; puis une grotte ornée de coquilles naturelles et de sculpture.

TALMONT.

La commune de Talmont a 1,043 habitants. Talmont est un chef-lieu de canton, à treize kilomètres est des Sables. Ce fut autrefois une principauté qui appartint successivement, pendant le Xe siècle, au comte du Poitou, puis à Guillaume III — au XIIe siècle, à Raoul de Mauléon — au XIIIe siècle, au vicomte de Thouars — du XIVe au XVIIIe siècle, à Ambroise de la Tremouille et à ses fils et petits-fils; Antoine-Philippe de la Tremouille fut le dernier des princes de Talmont.

La ville, située au pied d'une colline, sur la petite rivière de Pairay ou Gué-Châtenay, est dominée par les ruines d'un très-beau et très-pittoresque château (Renaissance), occupant encore un très-vaste emplacement. Ce château fut détruit sous Louis XIII, pendant les guerres de Religion.

Talmont était un port de mer au moyen âge, et même au commencement du XVII⁰ siècle, car Henri IV y envoya de l'artillerie par eau; on voit encore au pied du château des anneaux qui servaient à attacher les navires.

Le soulèvement graduel de la côte a élevé l'ancien port de Talmont à plusieurs mètres au-dessus de la mer.

Aller visiter les ruines du château de Talmont est le prétexte d'une agréable promenade; on va dans les ruines mêmes du château : la vue de ces nobles débris est grandiose, et rappelle l'antique splendeur de ce château seigneurial; un escalier est encore parfaitement conservé.

Si pour aller à Talmont on veut sacrifier une journée, on trouvera dans cette petite ville des hôtels où l'on sera fort bien traité.

LE CHATEAU DES GRANGES-CATHUS.

Nous engageons nos lecteurs à aller visiter le château des Granges. Ce château, par son ancienneté, son escalier de pierre entièrement sculpté, son ameublement à l'antique et quasi princier, est dans tous les environs des Sables ce qui mérite le plus l'attention des touristes; je suis sûr qu'on gardera de cette excursion le meilleur souvenir.

Pour la description bien détaillée du château, nous ne saurions mieux la donner qu'en empruntant la notice faite par M. Léon Audé, propriétaire du château des Granges :,

« A un kilomètre et demi de Talmont, près de la route de Napoléon, les ruines du château des Granges-Cathus s'élèvent sur un plateau boisé d'où la vue descend sur les plaines fertiles de Jard, les dunes qui bordent la mer et jusqu'aux plages sablonneuses de l'île de Ré, à peine dessinée comme un léger nuage à l'horizon. Une longue avenue tapissée de gazon et couverte de vieux chênes, dignes du pinceau de Rousseau, conduit au bord des fossés pleins d'eau.

» Bien que l'œuvre de la destruction soit trop avancée pour que l'on puisse reconnaître exactement l'étendue des constructions primitives, et qu'il ne soit plus possible de juger de l'harmonie de leur architecture, les détails qui en restent suffisent encore à rendre ce manoir l'une des ruines les plus intéressantes de l'art de la Renaissance.

» Dans le principe, l'édifice avait un second étage, décoré de croisées semblables à celles de la grande tour. Les constructions se prolongeaient à gauche de l'escalier formant un second corps de façade, défendu du côté du jardin par une tour pareille à celle qui existe à droite. Des combles très-élevés suivant le goût de l'époque, couverts en ardoise, surmontaient les bâtiments. Ceux de la tour, terminés par une lanterne ou campanille, n'ont été descendus qu'en 1840, parce qu'ils menaçaient ruines; on les a remplacés provisoirement par une couverture de tuiles. Une haute cheminée monumentale en briques, renversée il y a une vingtaine d'années dans une tempête et dont on ne voit plus que la base, l'accompagnaient. Un dôme en plomb, surmonté d'un clocheton, couvrait le pavillon de l'escalier. Deux autres tours, dont une a laissé quelques vestiges au bord de l'eau, servaient avec les douves à protéger les cours et les servitudes. Les vilaines constructions qui, en forme d'aile, s'appuient sur l'escalier, ont été construites entre 1776 et 1780 pour servir de pied-à-terre à la famille de Vaugiraud.

» Le style et les dispositions annoncent les premiers changements apportés par la Renaissance dans les habitations françaises. Les tours sont encore conservées, mais elles reçoivent des ouvertures plus ornementées; les précautions de défense, les meurtrières, les douves, ne sont plus celles des sombres forteresses des siècles précédents. On voit qu'elles n'ont plus pour but que de se mettre à l'abri d'un coup de main et non de soutenir des siéges.

» Les pièces étaient mises en relation, à l'intérieur, par des portes basses et étroites, pratiquées dans un angle, les appartements éclairés par des fenêtres divisées par des meneaux en croix, dont l'appui est très-élevé. Le tout était desservi par un escalier à vis, placé dans un pavillon en saillie à l'angle gauche de la cour.

» Cet escalier est le morceau capital du château. Les deux fenêtres ont des pilastres dont les consoles et les chapiteaux sont gracieusement sculptés; entre elles, un joli médaillon renferme deux têtes portant des casques ailés; au-dessus de la seconde, se voient les armoiries du seigneur : un lion passant sur champ semé d'étoiles. La porte est d'un bon dessin; les montants en sont ornés de pilastres rehaussés de sculptures d'une ténuité et d'une délicatesse incomparables. Au-dessus du cintre surbaissé, se lit, au milieu d'arabesques, la date de la construction, 1525. Les bustes mutilés de LVCRESSE et de CLEOPATRA, en grand relief, et les armes de Cathus achèvent la décoration de l'entrée.

» Mais rien n'égale la richesse de l'intérieur. L'artiste y a semé à profusion toutes les capricieuses créations de la Renaissance : animaux fantastiques ou réels, instruments de guerre et de science, de musique et de chasse, des armures, des fleurs, des armoiries et des allusions d'amour. Tout cela forme au plafond une seule page, qui va s'enroulant jusqu'au second étage, enfermant dans des médaillons l'*histoire du seigneur des Granges*, sa naissance et sa jeunesse, ses deux mariages et ses chagrins domestiques. Pas une pierre n'a été oubliée du ciseau.

» Deux médaillons, PIRAMVS et TISBÉE, décorent la cheminée de la première chambre. Le champ est occupé par les armes de Cathus.

» La grande cheminée de l'appartement au-dessus, est ce qu'il y a de plus remarquable, tant pour l'exécution que pour l'entente générale de l'ornementation. Le sujet représente l'Amour poursuivi par des Chimères. Le cheval que guide le fils de la belle Cythérée, est dans l'attitude de l'effroi; les chimères ont la tête et le cou d'une licorne, le corps d'un immense oiseau aux ailes déployées, l'extrémité terminée en rinceaux ornés de feuillages. Au-dessus, dans une très-belle frise, des Amours se jouent au milieu de feuilles d'acanthe enroulées.

» La porte, à côté, était ornée aussi avec beaucoup de soin. Le tympan renferme un médaillon de grande dimension.

» On doit voir ensuite la fenêtre de la grande tour, dont le travail est véritablement artistique, et le portail, si remarquable par la légèreté et l'élégance de son style, la vigueur de ses nervures, fouillées dans une pierre excessivement dure.

» Les sculptures des Granges ont un rapport éloigné de style, avec celles du château de Bonnivet, à quatre lieues de Poitiers; mais elles sont d'un travail moins pur et plus lâché. L'escalier, dont l'ensemble est d'une grande richesse, est inférieur comme style aux autres parties : les ornements sont d'un petit relief et moins bien modelés, surtout ce qui est personnages.

» Un seul architecte semble avoir dirigé les travaux qui ont dû être rapidement exécutés sous l'inspiration d'une pensée unitaire; mais trois artistes principaux y ont certainement mis la main. Le plus habile a exécuté la décoration de la cheminée et de la porte de l'escalier; le second, diverses autres parties d'ornementation extérieure et intérieure; le troisième, moins fort au point de vue de l'exécution, a fait l'escalier.

» Comment le châtelain des Granges osat-il bâtir son manoir et prodiguer ces charmantes sculptures sous le canon de Talmont? C'est que depuis longtemps la famille Cathus, en possession de la confiance des vicomtes de Thouars, princes de Talmont, tenait la charge de capitaine de cette importante position militaire, et que, pour le moment, Jean Cathus commandait dans la place.

» La famille noble et très-ancienne de Cathus, aujourd'hui éteinte, était originaire des environs de la Garnache et de Beauvoir, d'où elle s'étendit dans le pays de Retz au moyen-âge. Le chevalier Hugues Cathus faisait partie des trente Bretons qui, le 27 mars 1351, sous la conduite du maréchal de Beaumanoir, vainquirent trente Anglais, en combat singulier, sur la lande de Mi-Voie, entre Josselin et Ploërmel.

» La branche des Granges paraît s'être établie dans le bas-Poitou au XIVe siècle. Nous ne nous arrêterons pas à en refaire la généalogie, qui a été donnée par MM. Bauchet-Filleau et de Chergé, et à laquelle nous n'avons rien à ajouter jusqu'à Jean Cathus.

» Jean Cathus, seigneur des Granges,

capitaine de Talmont, fit les guerres d'Italie
sous le célèbre Louis II de la Trémouille,
vicomte de Thouars, prince de Talmont,
qui trouva une mort glorieuse à la bataille
de Pavie, en 1524. Rentré en France, il fit
commencer, l'année suivante, les travaux
dont nous admirons les ruines, sur l'emplacement d'un château plus ancien, recon-
naissable par quelques vestiges. Derrière
les hautes murailles de Talmont, les sei-
gneurs ne trouvaient plus les agréments de
la vie plus délicate que de nouvelles mœurs
et surtout les guerres d'Italie avaient intro-
duite en France. Jean voulut se créer une
maison de plaisance, ornée avec tout le
goût de l'époque. Le site était bien choisi ;
il y planta de grandes avenues, au milieu
des bois qui l'entouraient de plusieurs côtés
en le protégeant de leur ombrage contre
la mal'aria des marais de Talmont.

» Nous ne savons pas la date de la naissance de Jean; mais, si l'on en croit l'histoire écrite sur l'escalier, il naquit sous le
signe du Lion, c'est-à-dire en juillet. Il
épousa Marie du Verger, dont l'écusson se
voit sur l'escalier. Cette page, si curieuse
et si intéressante, nous dit de quel amour

brûla le châtelain pour Marie; combien son cœur souffrit des difficultés qu'il eut à surmonter pour l'obtenir, et les joies de son mariage; mais bientôt elle raconte aussi ses larmes et ses souffrances, lorsque cette âme aimée le quitta pour les régions éthérées, représentées par les sphères. Le temps adoucit ses regrets; la sérénité rentra dans son cœur, qui fleurit pour de nouvelles affections, ce qui est figuré par des lys qui naissent d'un cœur percé de flèches. Il épousa, en secondes noces, Marie de Nuchèze, veuve d'Antoine du Fouilloux, et belle-mère du célèbre auteur de la *Vénerie*, Jacques du Fouilloux. Ce mariage fut-il heureux? Il est permis d'en douter, si l'on considère la sirène qui paraît aussitôt sur l'escalier et les chimères qui la suivent. Sans doute que la seconde femme, dont les charmes l'avaient séduit, lui fit cruellement regretter l'affection de Marie du Verger.

» Il est à remarquer que toutes les sculptures des Granges sont consacrées à l'amour malheureux.

» Après les descendants des Cathus, qui possédèrent les Granges par héritage, cette terre passa par acquisition, le 1er avril

1776, à la famille de Vaugiraud. Elle a appartenu au vice-amiral de ce nom, gouverneur de la Martinique, sous la restauration. En 1828, elle a été vendue par Mme veuve Henriette-Louise Denis de Senneville, marquise de Vaugiraud, à la famille du propriétaire actuel, Mme Audé, veuve de M. Audé, ex secrétaire général de la Vendée.

» Le manoir des Granges ne subsista pas longtemps dans sa coquette splendeur. Le redoutable voisinage de Talmont, assiégé plusieurs fois, pris et repris par les protestants catholiques, lui fut fatal. C'est à ce temps qu'il faut rapporter sa destruction, sans qu'on puisse en fixer l'année. Il ne s'est pas relevé de ses ruines. Depuis Marie Cathus, petite fille de Jean Cathus, il avait cessé d'être habité ; les propriétaires se contentèrent de raser le second étage et d'établir une couverture en tuiles, pour loger les fermiers.

» Chaque fois que l'on creuse autour des ruines, la pioche fait jaillir quelques débris de statue, de pilastre, de décorations. — La porte, qui se voit dans l'escalier, provient de l'ancien château.

» Parmi les noms des étrangers qui ont laissé leur carte de visite burinée au couteau sur l'escalier des Cathus, on lit ceux-ci : « *Cosmao, Gaude et Parseval, aspirants sur l'Italienne, 1809* » l'une des trois frégates qui livrèrent le combat du 24 février 1809 , dans la rade des Sables [1]. Ce navire portait bonheur à ses officiers : Cosmao-Dumanoir est devenu contre-amiral, aujourd'hui en retraite; l'amiral Parseval-Deschênes a commandé la flotte de la Baltique. »

[1] Voir la notice historique.

CHAPITRE VII.

DES PLANTES MARINES [1].

LES PLANTES MARINES

LEURS DIFFÉRENTES ESPÈCES.

Il n'y a que trois familles d'algues : les algues vertes (Zoospermées), les algues vert olive ou brunes (Phycées), et les algues rouges (Floridées).

La laitue-verte (ulva latissima) a une large feuille plus ou moins ovale, ondulée, plissée sur les bords, d'un tissu fin et d'un beau vert.

L'herbe verte glissante qui se trouve sur les rochers, est appelée gazon de mer.

On trouve dans la plupart des creux de rochers une algue d'un vert brillant, à tige cylindrique et branchue, revêtue, lorsqu'on

---

[1] Beaucoup des indications que nous donnons dans ce chapitre sont empruntées à l'ouvrage intitulé : *Les Secrets de la Plage*, par Pizzeta.

la voit sous l'eau, d'un duvet de filaments incolores, c'est le codium tomentosum.

Près du codium, dans ces mêmes flaques rocheuses, croît une élégante petite plante, formée d'une multitude de plumes vertes gracieusement groupées ensemble, c'est le Bryopsis plumosa.

Les longues touffes de varech olivâtre, qui pendent comme des chevelures en désordre à la pointe des rochers, que la mer découvre à marées basses, sont de la famille des Phycées.

Le varech commun, ou le varech à vessie (fucus vesiculosus), est le plus abondant sur nos côtes et le plus facile à reconnaître.

Auprès du varech à vessie, se trouve une autre espèce : le varech à nœud (fucus nodosus), plante robuste à ramification épaisse comme du cuir, renflée de distance en distance par des vessies remplies d'air. Cette algue est très-vigoureuse et atteint souvent plus d'un mètre de longueur.

La laminaire sucrée (laminaria-saccharina) est d'un brun olivâtre, atteint une longueur de deux mètres et plus, et une largeur de huit à dix centimètres. Cette plante

est terminée par une petite tige cylindrique
et épaisse. A toutes les grandes marées, on
en voit toujours en quantité sur la plage ou
au bord de l'eau.

Une algue, aussi remarquable, est la
coralline, qui se trouve généralement sur
les rochers : c'est une petite plante composée de nombreuses tiges, grêles, articu-
lées, branchues, ne dépassant pas un déci-
mètre de hauteur, mais formant des masses
épaisses qui servent de refuge à un grand
nombre d'animaux. Lorsqu'elle est vivante,
la coralline est d'un rouge pourpre.

DES AQUARIUMS.

Toutes les plantes marines, prises bien
vivantes, c'est-à-dire recueillies dans l'eau,
vivent bien dans un aquarium où elles
aident et même sont indispensables à la
prospérité et à la longévité des mollusques
et des poissons qui peuplent l'aquarium.

Les personnes qui habitent à proximité
des côtes, devront alimenter leur aquarium
avec de l'eau naturelle de la mer; mais si,
en raison de leur éloignement, cela est
impossible, on devra y remédier en compo-

sant une eau de mer artificielle dont voici la composition.

Sel commun . . . . 100 gr.
Sel d'Epsom . . . . 8 gr. 80
Chlorure de magnésium . . . . 14 gr. 29
Chlorure de potassium. . . . . 3 gr.

à mélanger dans quatre litres d'eau de rivière.

LA MEILLEURE MANIÈRE DE DESSÉCHER LES PLANTES MARINES.

A toutes les époques de l'année, on trouve sur la plage, des algues ou plantes marines; mais le temps le plus favorable à la récolte, est la journée qui suit la nouvelle et la pleine lune.

Il ne faut pas négliger de visiter ces amas d'algues que la mer rejette, à presque chaque marée; on peut faire là une riche collection.

C'est un passe-temps agréable que de dessécher les plantes marines, et nos lecteurs nous sauront sans doute gré de leur indiquer les meilleurs procédés pour réussir ce petit travail; une collection de ce genre

est non-seulement faite pour charmer les
yeux, mais c'est encore un véritable journal,
propre à rappeler une foule de souvenirs,
si on a eu soin de transcrire sur l'étiquette
de chaque plante, la date et le lieu où on
l'a recueillie, et le nom scientifique. Les
échantillons que l'on veut conserver doi-
vent être d'abord lavés à plusieurs reprises
dans l'eau douce, afin d'en enlever tout le
sel qui, étant déliquescent, attirerait l'humidité et la moisissure, et amènerait infail-
liblement la prompte destruction de la
collection entière. Lorsqu'elles ont été
bien lavées, on plonge les algues dans une
large cuvette ou baquet rempli d'eau
fraîche et bien claire; puis on glisse sous la
plante une feuille de fort et beau papier [1],
sur lequel on étale et l'on sépare, à l'aide
d'une longue aiguille, les petits rameaux,
en cherchant à donner à la plante le port
qu'elle a naturellement dans la mer; cela
fait, on retire doucement le papier de l'eau,
en soulevant avec lui l'algue qui y reste
attachée. La plupart des hydrophytes sont

[1] A la librairie T. Bossu, en face la grande porte
de l'église, on trouvera tous les papiers nécessaires,
et les plus convenables, à la dessiccation des plantes
marines.

recouvertes d'un enduit gélatineux, au moyen duquel elles adhèrent naturellement au papier; cependant il vaut mieux les soumettre à une légère pression, en les plaçant entre des feuilles de papiers buvard que l'on change le plus souvent possible. Quelques algues sont tellement gélatineuses qu'elles s'attacheraient au papier buvard, si l'on ne prenait certaines précautions; pour celles-là, il faut, une fois étalées et sorties de l'eau, les laisser sécher à moitié à l'air libre, puis, avant de les soumettre à une compression légère, les recouvrir d'une feuille de papier huilée bien ressuyée, afin qu'elle n'adhère qu'à la feuille, sur laquelle elles ont été étendues pour la conservation.

Si ces opérations, très-simples comme on voit, ont été bien faites, on possédera le plus merveilleux album que l'on puisse voir. Quelques algues, telles que le fucus vesiculosus et nodosus, se prêtent difficilement à ce genre de préparation; mais c'est le très-petit nombre, la plupart ayant la forme plate, ou s'aplatissant sans trop se déformer. Les algues de la famille des Zoospermées conservent assez bien leur couleur verte, mais les Phycées perdent par la dessiccation le peu de coloration qu'elles possèdent et deviennent noires, tandis que les Floridées, au contraire, gagnent en brillant et en coloris par leur exposition à la lumière et à l'air.

DES ASTÉRIES ET ŒUFS DE POISSONS
que l'on trouve souvent
SUR LA PLAGE DES SABLES.

Il y a certains jours où, à marée basse, on voit sur la plage une grande quantité d'astéries ou étoiles de mer, ainsi nommées, à cause de leur forme qui ressemble assez à celle d'une étoile à cinq branches ; leur couleur est presque toujours d'un rouge sombre au-dessus. Celles que l'on ramasse à sec paraissent généralement mortes, mais elles ne sont le plus souvent qu'engourdies ; si on les replace dans l'eau de mer, dans une cavité de rocher, par exemple, elles reprendront bientôt l'existence. On reconnaîtra si l'animal est vivant, si le corps présente au toucher une consistance assez ferme ; si, au contraire, ses rayons sont flasques et pendants, c'est qu'il a cessé de vivre.

Lorqu'on veut préparer les astéries pour les conserver, il faut les faire sécher, et cette opération, bien que très-facile, demande encore certaine précaution. On doit d'abord les laver avec soin dans l'eau fraîche, afin de leur enlever tout le sel, puis les étaler sur une planche adoucie et les sécher à l'air libre ; si on les plaçait dans la collection avant leur parfaite dessiccation, on risquerait fort de les voir se gâter.

La mer rejette aussi assez souvent sur la plage, l'enveloppe vide de l'œuf d'une espèce de squale, connu sous le nom de Chien de Mer (gros poisson). La forme de cet œuf peut être comparée à celle d'une taie d'oreiller avec des cordons attachés aux quatre angles. La couleur est d'un brun foncé.

Plus souvent encore, on trouve sur la plage, des œufs de raies, ayant à peu près la même forme que celle du précédent ; mais au lieu d'avoir des appendices aux quatre coins, ils ont simplement les angles prolongés en pointes, ce qui leur donne quelque ressemblance avec un brancard. Le corps de ces œufs mesure cinq à six centimètres, et est d'un brun plus ou moins foncé.

On les dessèche en les passant simplement à l'eau douce, et, les laissant sécher à l'air, ils se conservent très-bien.

On voit aussi, quelquefois, des grappes de gros grains, d'une substance molle et d'un brun pourpré, ressemblant assez pour la forme à la grosseur d'un grain de raisin. Ce sont des œufs de Seiche.

Des os blancs de Seiche, se rencontrent assez souvent sur le sable, aux abords des rochers. Ils sont toujours ramassés par les promeneurs qui, généralement, aiment à en faire une petite provision pour mettre dans les cages des petits oiseaux.

LA CHANSON SABLAISE [1].

Nous croyons être agréable à nos lecteurs en transcrivant ici la chanson du pays, écrite en patois Sablais.

1.

Pr'ann béas jour de l'Assôcian,
Qui étas sur le Minage,
l'aprecevis passaée Nichan;
Iarni ! le béas visage !
Tot d'suit man tchur fut chatoillou,
Pre tas, Nichan, qui odûre doù mou !
Pre tas, Nichan, qui odûre !

2.

Où ser lodgis béas me couchaée,
Et prôdre d' l'aéeve bénite,
I n' fèsis que me tréviraée
Qmme s'iavas la va-vite.
He ! mon Diu dan, lô vaéedraée fou !
Pre tas, Nichan, etc.

[1] T. Bossu, libraire, place de l'église, est l'éditeur de la chanson Sablaise; à sa librairie, on trouve cette chanson imprimée isolément au prix de 15 centimes.

3.

I poussas ma respiratian
Qm'inn homme à l'agounie :
O tchou moumô ma tôte Notan
Crut qui rôdas la vie :
Ou fû ! ou fû ! levous tretous.
Pre tas, etc.

. 4.

Nene aincle Roch quiatait ô bas,
Avecq ma sû Mechéle,
Se l'viros fout dir tot ô phas;
L'almiros d' la chôdéle :
A man let n'fésiros qu'ann sou.
Pre tas, etc.

5.

Eh ! qu'as-tu dan, man ban Jacquet ?
Jésus ! tchu cabriole !
I v'lis parlaée; maée le loquet
Me copit la parole :
Boun'mère Sannte Anne ! tchua est le béas
Pre tas, etc.   [mou !

6.

O fout levaée ann bel ôtan
A Sann Jôs Digolaéesse ;
Tchuaest ann sort de tchou ban hâpan
Qui t'at baillé d' la geaéesse;
Ou baée tas vu tchuque garou.
Pre tas, etc.

7.

Nâni, nâni, tchuaest poit ilchu
Qui nôs sans laées pranncipes ;
Maée dôs man cor I sô ann fu
Qui m'arrodit laées tripes :
I saée tot quom dôs l'four à chou.
Pre tas, etc.

8.

O l'aest Nichan qui est man tourmô;
O l'aest lé qui m'avrâze.
Pr'amouduraée tchou mouvemô,
Foût quiôge dos la prépouâse,
Me bouliotaée su les cailloux.
Pre tas, etc.

9.

Jésus ! tchut rageouann, maṇ daéeman !
Dit-ou ma sû Mechèle ;
Mère ! t'aras baée ann bel âcan
Quia l'air d'ine êrandéle,
Avecq san grô naée tabatou !
Pre tas, etc.

10.

Precas n'pros-tu pas Catochan,
Pissque l' chaéeti te tôte !
Vus-tu fini, man grous diguan,
Répandit-ou ma tôte !
La baée besoinn de tan bâillou !
Pre tas, etc.

11.

Son grôt-grôt père atait sourçaée,
Le v'nait su ine aéecouête ;
San grôt aincle v'fit ôbrassaée
Ma tôte Margochète :
A n'arat j'maée man béas névou.
Pre tas, etc.

12.

Râpis, râpis, mon povre gas,
N'asseche poit ta carcasse.
Daée tot laées jous te t'mariras,
Iaée Nichan dos ma grâce,
Parsqu'al at d'la chair su laées ous.
Pre tas, etc.

13.

A tchou ban mot I jaillissis
Toche qu'os man bout d'oraille;
Et pof! dos la pllace I soûtis,
Fras qmel'atas la vaille.
Nous v'las à nous sapaée tretous.
Pre tas, etc.

14.

I v'las m'ôcouri chaée Nichan;
Neaée ma su au colère
M'disit pros mouaée an canneçan,
Car t'aée tot chemise,
T'arias baée l'air d'ann saguenitou.
Pre tas, etc.

15.

Baée mougré mas, I la craîs,
I prenis ma tchulotte,
Maées bas roges, man capot gris,
Man boutchouet d'bergamotte,
I arrivis daée de pouaée dou jou.
Pre tas, etc.

16.

Tac, tac, Quiaest la ? Dame, olaé ma
Jacques le Roux pre la vie.
Jésus ! dit-éle, taée baée gadas ;
Mas, I saée alorie.
A vous dan vu tchou grôt sotou !
Pre tas, etc.

17.

Uvre dan, ma boune, uvre dan :
N'esse poit pou d'ia credique,
I disraée qui vus dou saban,
Pissque te vôs boutique.
Al ôtrebaillaean portou,
Pre tas, etc.

18.

O nann virmouaé I li cantis
Ce qui vaée de ve dire.
Al uvrit pu grôt, pi l'ôtris :
Tot d'suit sans tchur soupire.
Dame ! I me pôdis à sans cou.
Pre tas, etc.

19.

Taée, qui disis, chère Nichan,
I saée ann gas hounaéte ;
Maée te m'farfoille dôpis l'talan
Toéhequ'os man pot de taéete.
I t'aéeme mus qn'ços bacailloux.
Pre tas, etc.

20.

I t'apportraée béas fait et ban ;
I'aée tochequ'à ma marane :
I'aée baée maées bigoches ; maées pllans,
Maées dux bois de cabane,
Man barail et man davôtou
Pre tas, etc.

21.

Hé baée, qu'a disit, grous chaéeti,
issqu'ol aéest dau de maéeme ;
Et qu'o te fait si grôt pllési,
O foôt dan baée qui t'aéeme,
I'avas d'la chuse pre tas torjou.
Pre tas, etc.

22.

Dame ! I me méti à sapaée
Sa bée grousse face ;
Maée qmi vlis turchaée sans parpa,
A fésit la grimace :
Allan d'là, man grô patroillou.
Pre tas, etc.

23.

I mô r'tournis chée maées paros,
Portaée tchéle novéle :
Los furôt tretous baée cantos,
Tochequ'à ma su Mechéle
Quoiqu'so seste ann luma baguenou,
Pre tas, etc.

6.

24.

O ! tô quipôsse qu'apras demouane
Nichan sera ma femme ;
I ne fê pus que vircouettaêe,
O me chatoille l'âme ;
I saêe tot qm'ann ehat ô ravou.
Pre tas, etc.

25.

Maêes béao maades qui m'otôdez,
Peur pouas quo vous convège,
A ma noce, I v'zo pri, venez ;
Ve baeezrez la pllatène ;
Et pis vz'èrez degnaêe chaez vous.
Pre tas, etc.

TABLE DES MATIÈRES.

LIBRAIRIE T. BOSSU

En face la grande porte de l'Église

SABLES-D'OLONNE.

—

nd choix de nouveautés en librairie des collections
Michel Lévy, Hachette, Georges Cadot, etc.

Livres en location.

urnaux politiques de Paris, de Nantes et de Vendée.

bonnement aux journaux et commissions pour Paris.

Liste des étrangers.

Dépôt de Musique.

Cartes de la Vendée et autres Cartes géographiques.

Papeterie en tout genre et Fournitures de bureau.

Cartes de Visite.

Grand assortiment de Registres.

Livres de Prix, gros et détail.

Fournitures pour Fleurs.

OBJETS POUR CADEAUX.

Argenterie et Imagerie de dévotion, Chapelets,
tatuettes, Livres de piété, Reliure de luxe et autres.

Livres illustrés pour enfants.

Albums pour photographies.

Albums à dessiner ; fournitures de tout ce qui est
relatif au dessin.

Galets artistiques peints, avec sujets de Vues
et Costumes des Sables.

oix considérable de Photographies locales et de
Lithographies : les Sables pris sous tous les points
vues possibles, costumes Sablais.

Boîtes à Gants.

Boîtes de Peinture depuis 25 c. jusqu'à 12 fr.

Boîtes de Mathématiques depuis 1 fr. 75
jusqu'à 15 et 20 fr.

Grand choix de Porte-Monnaie.

ARTICLES DE PÊCHES :

Pêchettes, Lignes, Hameçons, Paniers, etc.
Couteaux pour la Pêche à 30 c.

JEUX DE SOCIÉTÉ.

Cartes à jouer. — Cartes d'aluettes (jeu vendéen). —
Boîtes de Boston. — Jeux d'Échecs, de Domino, de
Loto, de Dames, etc. — Marques, Fiches et Jetons.

Glaces et Miroirs.

Devants de Cheminée.

Toiles cirées pour Table. — Taffetas ciré.

Parfumerie et Brosserie.

Pliants : Tabourets et Fauteuils.

Sacs de Voyage, de Bain et Gibecières.

Grand assortiment de Jouets d'Enfants : Bateaux,
Pelles, Brouettes, Pots de bois, Pots de zinc. —
Poupées habillées en costume sablais, Baigneurs en
porcelaine, etc.

Lampes à essence de pétrole.

Abat-jour.

Huile de Pétrole.

Essence minérale.

ATELIER DE RELIURE.